Conoce las nubes

Shelby Braidich

Traducción al español: José María Obregón

Rosen REAL READERS en español

Rosen Classroom Books & Materials
New York

Las nubes pueden ser blancas.

Las nubes pueden ser grises.

Las nubes pueden hacer lluvia.

Las nubes pueden hacer nieve.

Las nubes pueden estar muy arriba.

Las nubes pueden estar muy abajo.

PALABRAS QUE DEBES SABER

blanco

gris

(la) lluvia

(la) nieve

(las) nubes